Sybille Pratsch

Lampen

Tiffanytechnik

Frech-Verlag Stuttgart

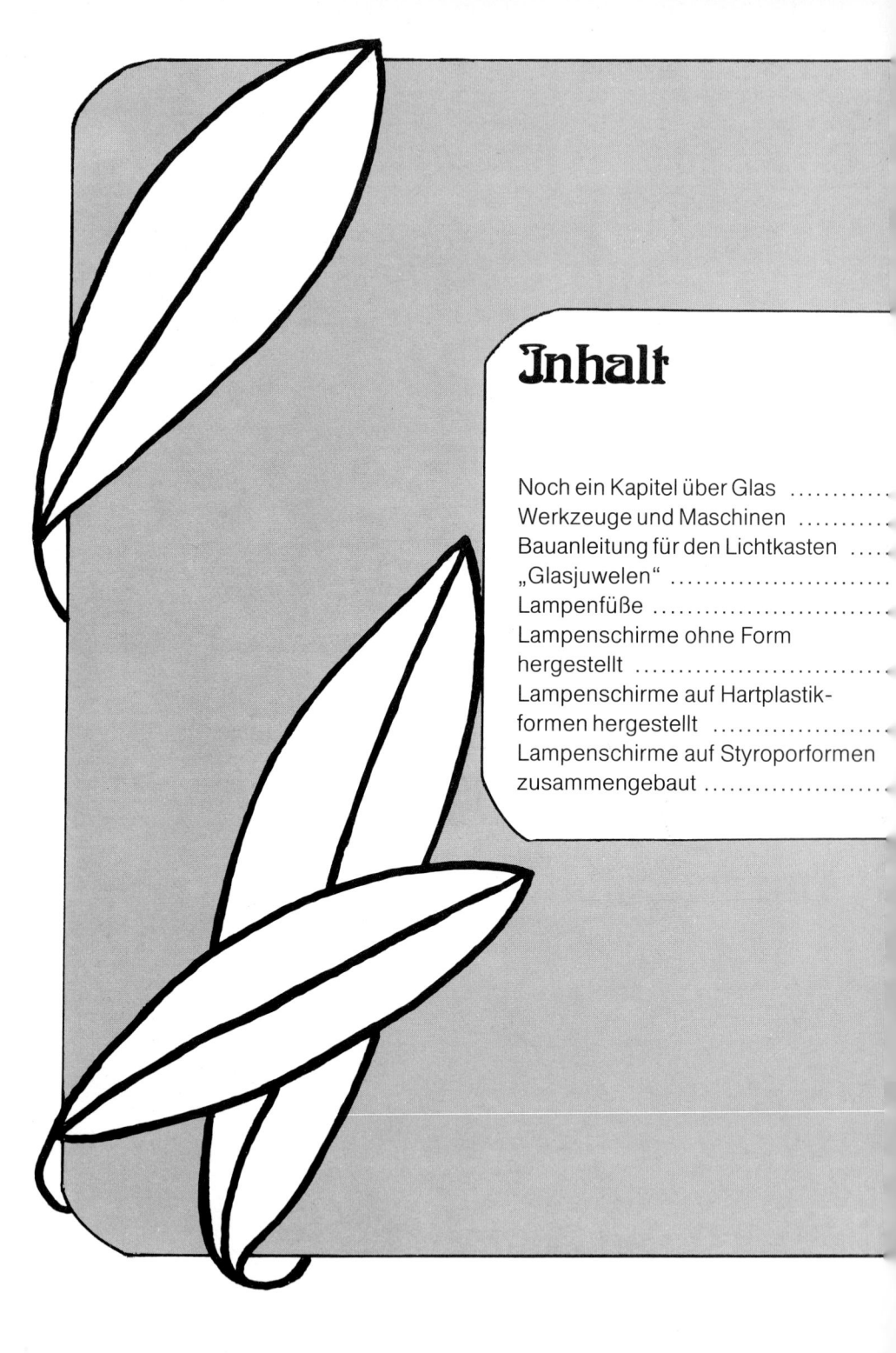

Inhalt

Noch ein Kapitel über Glas ....
Werkzeuge und Maschinen ....
Bauanleitung für den Lichtkasten .....
„Glasjuwelen" ....
Lampenfüße ....
Lampenschirme ohne Form
hergestellt ....
Lampenschirme auf Hartplastik-
formen hergestellt ....
Lampenschirme auf Styroporformen
zusammengebaut ....

....	6
....	10
....	13
....	16
....	17
....	20
....	28
....	42

Das vorliegende Buch kann als Band 2 der Tiffanytechnik angesehen werden. Mein Buch „Glasbilder in der Tiffanytechnik" (TOPP Nr. 804) war von Anfang an als Vorstufe zu diesem Band konzipiert. Weil Glasbilder plan gearbeitet werden, sind sie leichter herzustellen.

In diesem Buch geht es nun ausschließlich um Lampenschirme, bekanntlich die beliebteste Anwendung der Tiffanytechnik. Ich setze einige Grundkenntnisse voraus, die ich im ersten Band vermittelt habe. Aber auch der Neuling braucht nicht zurückzuschrecken. Er wird sich ja nicht gleich eine 2500teilige „Wisteria" oder eine 1000teilige „Dragonfly" mit 60 cm Ø vornehmen! Fangen Sie mit einer einfachen Lampe, deren Schirm aus wenigen Teilen zusammengesetzt wird, an!

Doch zuvor ein Blick zurück in die Geschichte der Tiffanylampen:
Louis Comfort Tiffany schuf 1889 die ersten Lampen nach seiner Idee aus Hunderten kleiner, in Kupferfolie eingefaßter Glasteilchen. Als Unterlage zum Zusammenbau des Lampenschirms wurden damals Vollformen aus Holz benutzt. Jeden Entwurf übertrug man auf eine dieser Holzformen. So hatte man das Modell gleich in Originalgröße vor Augen: mit allen Abmessungen wie Durchmesser, Höhe und Deckelöff-

nung, Anzahl der Glasteilchen und ihrem genauen Platz im Design.

In einigen Fällen wurden in dieser Stufe spezielle Fachkräfte herangezogen, die den Entwurf kolorierten, um dann anhand der Zeichnung eine gezielte Glasauswahl zu treffen.

Da L. C. Tiffany eigene Glashütten betrieb, stand eine Fülle von Farben und Strukturen zur Wahl. Man gestattete sich sogar den Luxus, ganze Platten zu zerschneiden, wenn ausgerechnet in ihrer Mitte eine besonders schöne Farbschattierung zu finden war.

Wenn man heute eine Original-Tiffanylampe nur auf einem Foto bewundert, hat man das Gefühl, ein Gemälde zu betrachten; so gelungen ist die Farbgestaltung dieser Lampenschirme.

Manchen Menschen sind Tiffanylampen zu überladen oder zu bunt. Aber kann nicht gerade in unserer vom Funktionalen beherrschten Zeit so eine Lampe ein willkommener Farbtupfer sein? Nicht zu vergessen das warme Licht, das sie verbreitet! Die Farbgebung bleibt schließlich jedem selbst überlassen.

„ECHT TIFFANY-LAMPEN" – das liest man mitunter in einer Zeitungsannonce. Lassen Sie sich nicht verwirren: Das heißt meistens nur, daß der Schirm in der Kupferfolientechnik in Handarbeit hergestellt wurde. Die echten Tiffanylampen gibt es nur noch in Museen, Sammlungen oder Privatbesitz. Es existieren aber viele Reproduktionen der Originalmuster, die auch dem Laien zugänglich sind.

Bei den sogenannten Tiffany-„Kompositionen" handelt es sich um Designs, die sich stark an ein Original anlehnen, aber in irgendeiner Weise abgeändert wurden.

Zum Schluß noch Lampen im „Tiffany-Stil". Diese sind in der Tiffanytechnik hergestellt und in Art Nouveau, Art Deco oder in modernen Designs gestaltet.

In diesem Büchlein werden Ihnen alle diese Typen begegnen.

Wieder wurde Wert darauf gelegt, den Schwierigkeitsgrad kontinuierlich zu steigern. Dabei werden sämtliche Wege aufgezeigt, eine Tiffanylampe selbst herzustellen. Das reicht von modernen Designs bis hin zur anspruchsvollen Reproduktion eines Originals.

Vielleicht regt Sie das Studium des Büchleins zu eigenen Schöpfungen an. Zumindest wird es der Einstieg in ein wunderschönes Hobby sein. Nach und nach werden Sie sich immer wertvollere Stücke schaffen, an denen Sie lange Freude haben. Hierbei möchte ich Ihnen mit Ratschlägen und Tips zur Seite stehen.

Noch ein Kapitel über Glas

Im Band „Glasbilder in der Tiffanytechnik" vermittelte ich einige Grundkenntnisse über Glasherstellung und Glastypen. Hier erfahren Sie noch ein paar wissenswerte Details. Die richtige Auswahl und Anwendung des Werkstoffes trägt nämlich sehr wesentlich zur Wirkung des Lampenschirmes bei.

Wir verwenden hauptsächlich Opalescentglas, dessen Lichtdurchlässigkeit von opaque (nur sehr wenig Licht dringt durch das Glas, wenn man es vor eine Lichtquelle hält) bis transparent (das Licht dringt fast ungehindert durch das Glas) reicht.
Wenn man sich mit dem Werkstoff Glas befaßt, muß man Weiß als eigenständigen Farbton ansehen. Wir wissen bereits, daß die Glasgrundmasse mit Hilfe von Metalloxyden gefärbt ist.

Mischen wir Weiß mit einer anderen Ölfarbe, so wird die Farbe lediglich aufgehellt. Weiß zu einer geschmolzenen, farbigen Glasmasse hinzugegeben, erscheint im ausgerollten, abgekühlten Glas als weiße Marmorierung. Eben diese Marmorierung kann man sehr gut zur farblichen Gestaltung eines Werkstückes ausnutzen. Zum Beispiel bei einfachen, geometrischen Mustern, die ja nur vom Kontrast leben.
So kann auch ein einfacher Lampenschirm, zusammengesetzt aus Glasteilchen einer einzigen Platte, eine großartige Wirkung haben.

Beachtenswert ist, daß die unterschiedlichen Glastypen und Farben unterschiedlich leicht anzuritzen sind. Glas in den Farben Weiß, Grün und Amber ist leichter anzuritzen als die Selenfarben Gelb, Rot, Orange. Handgerollte Gläser sind nicht so einfach anzuritzen, da die Oberfläche nie ganz plan ist. Bei eingeschaltetem Licht ruft diese Unregelmäßigkeit aber zusätzliche interessante Hell-Dunkel-Effekte hervor.

„Ripple" nennt man eine Glassorte, deren Rückseite waschbrettähnlich geriffelt ist. Blätter oder Blüten aus diesem Glastyp leben förmlich. Wo immer man mit einer starken Strukturierung besondere Effekte zaubern möchte, auch am Rand eines Lampenschirms, wird Ripple gern verwendet.
Aber Vorsicht! Alle geriffelten Gläser neigen dazu, nicht dort zu brechen, wo man sie angeritzt hat. Darum wird man kleine oder stark geformte Teile nicht aus diesem Glas zuschneiden.
Wesentlich einfacher zu verarbeiten sind maschinengezogene Gläser, die zudem bei weitem nicht so kostspielig sind. Auch hiervon gibt es viele Farben und geriffeltes Glas, bei dem die Struktur maschinell aufgewalzt wird; sie ist dadurch regelmäßiger als beim handgefertigten Ripple.

Cathedralglas und Colorescentglas verwenden wir nur sehr sparsam, höchstens als Lichtpunkte oder als Mittelteil einer Blüte. Eine zu große Transparenz würde ja das Innenleben einer Lampe (Glühbirne und Gewindestange) preisgeben, und das wäre kein besonders attraktiver Anblick.
Wenn Sie die verschiedenfarbigen Gläser für Ihren Lampenschirm zusammenstellen, verwenden Sie für die großen Flächen des Designs nur Gläser eines Typs, entweder hand- oder maschinengerolltes Glas. Beide Sorten, in großen Flächen nebeneinander, vertragen sich nur bedingt.

Für Blüten-Mittelpunkte kann man ruhig Cathedralglas verwenden.

Die Schraffierungen zeigen an, wie man Laufrichtung und Marmorierung des Glases verwenden kann.

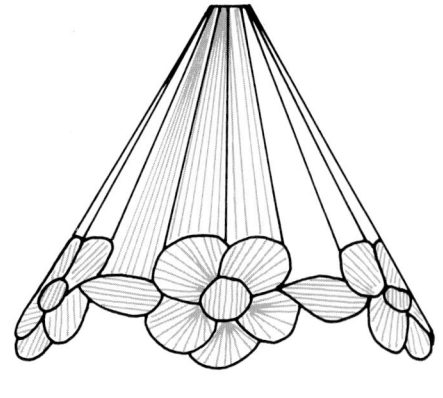

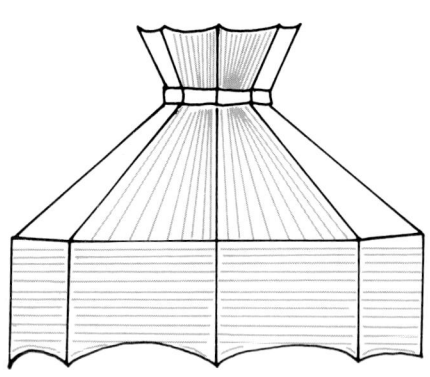

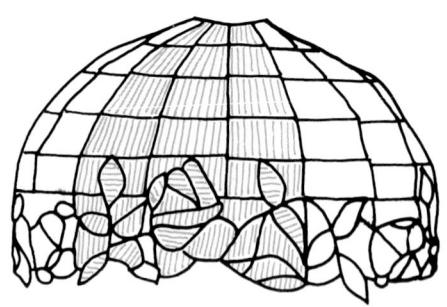

Kalkulieren Sie beim Kauf des Materials genügend Bruch ein. Normal ist es ein Drittel. Bei schwierig zu schneidenden Gläsern oder stark geriffelten und bei vielen unregelmäßig geformten Teilen (Innenbögen) steigt der Anteil.

Schneiden Sie Ihre Glasstücke über dem Lichtkasten zu und nutzen Sie so Laufrichtung und Marmorierung oder verschieden stark getönte Stellen im Glas aus.

Bei Blüten sollte die Laufrichtung des Glases immer vom Mittelpunkt nach außen fließen, bei Blättern entweder von der Blattmitte zur Seite hin oder vom Blattansatz zur Spitze.

Markieren Sie Ihre Schnittmusterteile mit Pfeilen und Farbbezeichnungen. Das erleichtert später das Auflegen der Schablonen aufs Glas in die richtige Richtung und Farbschattierung.

Auch einfarbige Lampen kann man interessant gestalten, indem man auf die Laufrichtung und Farbschattierung des Glases achtet. Planen Sie hierfür zusätzliches Material ein.

Opalescentglas ist kein billiges Material. Werfen Sie darum auch keine noch so kleinen Reste fort. Man braucht immer wieder einmal ein paar ganz kleine Glasstücke. Am besten ist, man hat ein paar kleine Kartons zur Hand, in denen man die Glasreste, nach Farben sortiert, aufhebt.

Hier sehen Sie einen ganz schlichten, kegelförmigen Lampenschirm, bestehend aus 20 Teilen. Es wurde darauf geachtet, daß die Marmorierung genau senkrecht von der oberen zur unteren Kante läuft. Zur Kantenverstärkung wurde zusätzlich ein Randblei angelötet.

Werkzeuge und Maschinen

Auf dem großen Foto können Sie alle Werkzeuge und Materialien sehen (außer Lampenformen), die zur Herstellung einer Lampe benötigt werden. Einiges davon dürfte Ihnen aus Band I der Tiffanytechnik bekannt sein.

Neu ist die Zange mit den roten Plastikgriffen, im Bild links oben. Mit diesem sogenannten Bleischneider läßt sich das Randblei, welches man als Abschluß der Lampenschirmkante anlöten kann, besonders leicht und exakt abschneiden.
Die dritte Zange von links ist eine Glaskröselzange mit zwei flachen Backen, die sehr schmal gehalten sind. Sie wird aus einem ganz besonderen, sehr weichen Stahl hergestellt. Selbst dort, wo man mit einer normalen Glaskröselzange nicht hinkommt, erlaubt diese das präzise Abbrechen kleiner und kleinster Teilchen.
Sie ist für alle empfehlenswert, die sich keine Schleifmaschine anschaffen möchten, mit der man mit entsprechendem Zubehör solche engen Innenbögen ganz einfach herausschleift.

Auch ein neuer Glasschneider wurde entwickelt (Bildmitte, links außen, schwarzer Griff). Der Hersteller machte sich nicht nur Gedanken über das Schneiderädchen, sondern er liefert endlich einen gut durchgeformten, handlichen Griff mit. Der erlaubt es, den Glasschneider nicht nur in der klassischen Handhaltung zu benutzen, sondern sogar, in der Faust gehalten, zu schieben. Selbst einem Anfänger sollte es somit gelingen, exakt auf einer Musterlinie entlangzuschneiden.
Wenn Sie eine oder mehrere Lampen herstellen wollen, lohnt sich die nicht ganz geringe Investition in dieses Präzisionswerkzeug. Es erspart Ihnen viel Mühe und Frustration.

Als Unterlage zum Glasschneiden kann man einen Stapel Zeitungen verwenden, darf aber nie vergessen, regelmäßig die Unterlage abzufegen, da es sonst Bruch beim nächsten Schnitt gibt und man sich außerdem an den herumliegenden Splittern leicht verletzen kann.

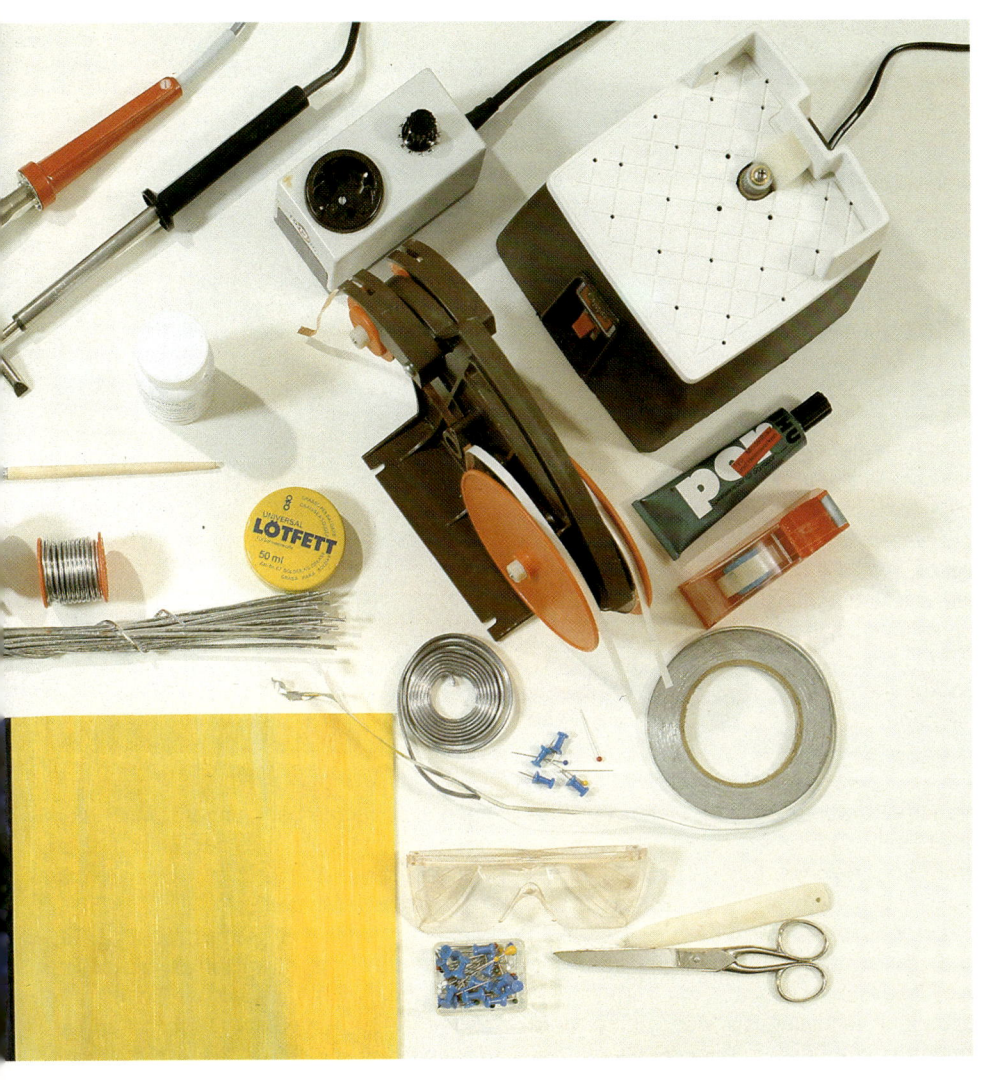

Inzwischen ist im Handel ein Kunststoffraster erhältlich, auf dem man das Glas zuschneiden kann. Durch die Rasterung erhält man eine gleichmäßige Druckverteilung beim Anritzen. Beim Glasbrechen fallen die Splitter gleich in die Vertiefungen des Rasters hinein.
Das Abfegen entfällt und somit auch ein großer Teil der Verletzungsgefahr. Die Rasterplatte ist aus lichtdurchlässigem Kunststoff und kann darum gut über einen Lichtkasten gelegt werden. (Bauanleitung siehe Seite 14.)

Eine große Erleichterung ist das Kantenschleifgerät (im Bild rechts oben). Ein rotierender Schleifkopf, der mit Diamantstaub beschichtet ist (ungefährlich für die Fingerspitzen!) schleift in Windeseile die bruchrauhen Glaskanten ab. Zeit- und Material-

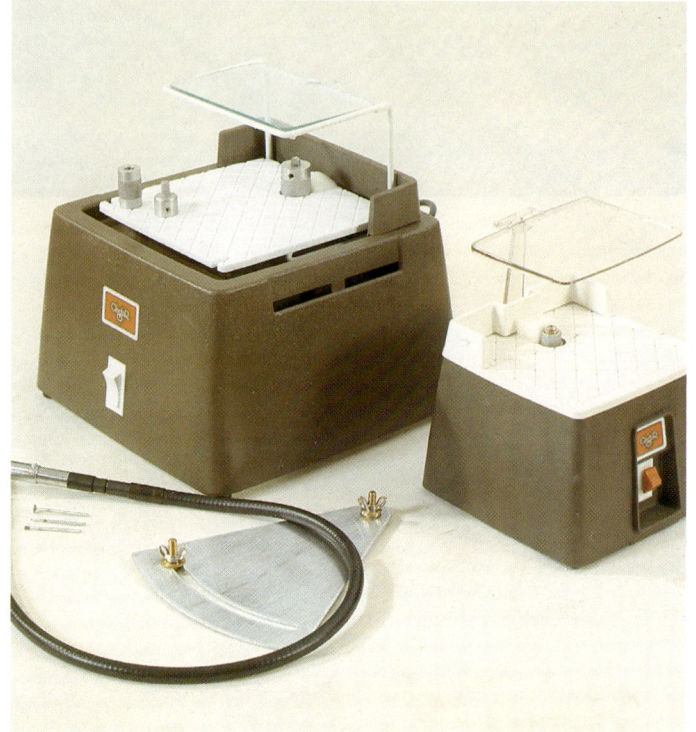

Abgebildet sind zwei Schleifmaschinen. Eine große Schleifmaschine mit Augenschutz und Schleifdorn (vorn auf der weißen Platte); mit Hilfe des Schleifdornes lassen sich sogar Löcher ins Glas bohren. Die kleine „Mini"-Schleifmaschine ist für den Hobbybastler vollkommen ausreichend.

ersparnis sind nur zwei der vielen Vorzüge des Gerätes.

Wer zum Beispiel beim Zuschnitt eines schwierig geformten Teiles ständig Bruch verursacht, schneidet dieses Teil grob zu und schleift die endgültigen Konturen mit der Maschine nach.

Das geht schneller, als wenn man einen Innenbogen mühselig Stück für Stück herausschneidet, wobei zu guter Letzt das Teil doch noch zerbricht.

Außerdem werden die Kanten gleichmäßig glatt. Das ist für die Kupferfolie eine ganz optimale Auflagefläche.

Schleifen sollten Sie die Glasteile sowieso, ob nun mit einer Carborundumfeile oder maschinell. Auf nicht geschliffenen Kanten hat die Kupferfolie kaum Halt, und wenn das Lötzinn nach dem Zusammenlöten der Teile eine starre Verbindung gebildet hat, kann sich gerade bei Lampenschirmen am oberen Rand alles aus der Folie ziehen. Sorgfalt ist hier angebracht. Investieren Sie lieber etwas mehr Zeit.

Nicht nur, wenn Ihre Schleifmaschine keinen Augenschutz hat, sollten Sie bei diesem Hobby unbedingt eine leichte Schutzbrille tragen. Denn auch beim Glasbrechen fliegen mitunter die Splitter, und beim Löten kann es passieren, daß das Lötzinn hochspritzt, wenn man zuviel Lötwasser aufgetragen hat.

Eine weitere Neuheit ist das Folienwickelgerät. Es trennt die weiße Papierschutzschicht von der Folie ab und zentriert das Glasteil auf dem Folienstreifen; gleichzeitig werden beide Kanten der Folie umgebördelt. Der fachgerechte Gebrauch dieser Maschine erfordert allerdings etwas Übung.

Bauanleitung für den Lichtkasten

Für den Bau des Lichtkastens läßt man sich die angegebenen Teile am besten in einem Baumarkt fix und fertig zuschneiden. Zuerst schraubt oder nagelt man die vier Seitenteile zusammen. Anschließend wird die Bodenplatte aufgesetzt. Ca. 5 mm unter dem oberen Rand des Kastens nagelt man die vier Leisten an. Auf ihnen ruht später die Glasplatte.

Auf dem Kastenboden werden die zwei Leuchtstoffröhren befestigt. Für den Kabelaustritt muß noch ein Loch in eines der Seitenteile gebohrt werden. Außen an den Seitenteilen werden die zwei Schubladengriffe befestigt; so kann man den Kasten später bequemer hin und her transportieren.

Da die zwei Leuchtstoffröhren in dem Lichtkasten sehr viel Wärme entwickeln, müssen Sie an den beiden Seitenteilen entweder ein paar kreisrunde Löcher aussägen, oder die Platten an mehreren Stellen durchbohren.

Wer sich die Installation der Leuchtstoffröhren nicht zutraut, läßt sie in einem Fachgeschäft einbauen.

Auf einen normalen Tisch gestellt, hat man mit Hilfe des Leuchtkastens eine angenehme Arbeitshöhe. Beim Zuschnitt dunkler Gläser sieht man nun die aufgezeichneten Linien. Ein weiterer Vorteil ist, daß besonders schön gefärbte Stellen im Glas, die nur unter Lichteinwirkung zu sehen sind, bequem ausgeschnitten werden können.

Material:

Preßspanplatten
2x 15 cm hoch, 45 cm lang, Seitenteile
2x 15 cm hoch, 35 cm lang, Seitenteile
1 x 35 x 45 cm, Bodenplatte
2x Vierkantleisten, 50 cm lang
2x Vierkantleisten, 30 cm lang
Holzschrauben oder Nägel
1 Glasplatte 52,5 x 31,5 cm
2 Schubladengriffe
2 Leuchtstoffröhren
1 Zuleitungsschnur mit Stecker und Schalter

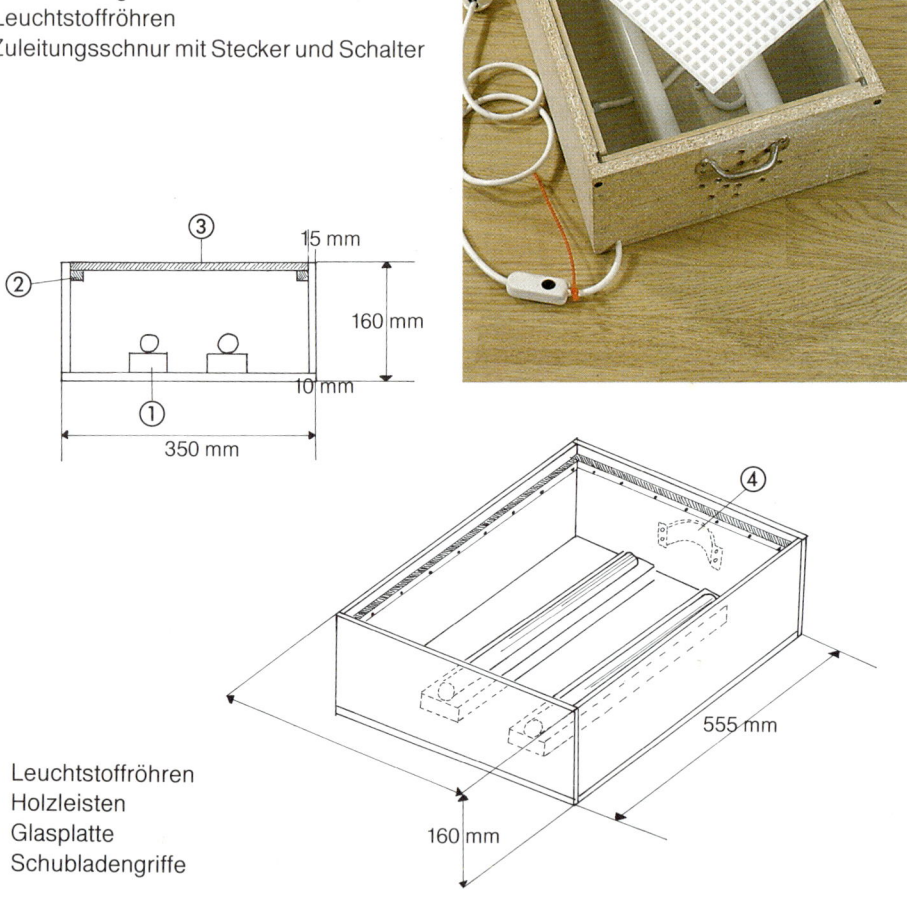

① Leuchtstoffröhren
② Holzleisten
③ Glasplatte
④ Schubladengriffe

Moderne Tischlampe; die Elektroinstallation besteht hier aus einem Metalldreifuß mit Fassung. ➔

„Glasjuwelen"

Was Sie auf dem großen Foto schimmern und glitzern sehen, sind keine echten Juwelen, obwohl sie „Juwelen" genannt werden. Es handelt sich hier um gegossene und anschließend geschliffene Glasklümpchen.
In allen „Dragonfly"-Lampen L. C. Tiffanys findet man diese Glassteine. Durch ihre gewölbte Oberseite bringen sie Bewegung in die Lampenschirmoberfläche. Sie werden, wie jedes andere Glasteil auch, mit Folie ummantelt und dann in das Design an der vorgesehenen Stelle mit eingelötet.
Glasjuwelen machen sich auch in modernen Lampenmustern recht gut. Runde Steine kann man als Blütenmittelpunkt verwenden. Eine aus Glasjuwelen zusammengesetzte Weintraube wirkt besonders plastisch. Versuchen Sie's mal und experimentieren Sie ruhig ein bißchen.

Sicherlich haben Sie sich schon Gedanken gemacht, was man noch alles zur vollständigen Fertigung eines Lampenschirmes braucht. Hier gebe ich Ihnen einen kurzen Überblick, welche Zubehörteile im Fachhandel für Hänge- und für Stehlampen erhältlich sind.

Lampenfüße

Auf den Fotos sind Lampenfüße abgebildet, die dem Art Nouveau (Jugendstil) nachempfunden sind oder antiken Originalen nachgebildet wurden.
Es handelt sich hier um Metallfüße, meistens im Zinkdruckguß (oder auch Weißmetallguß) hergestellt.
Anschließend werden sie messing- oder bronzefarben, hell oder dunkel patiniert.
Massiv bronzene Füße, wie sie Tiffany selbst herstellte, sind heute unerschwinglich. Unter den Nachbildungen sollte aber für jeden Geschmack etwas dabei sein.

Falls Ihnen die jugendstilähnlichen Lampenfüße zu auffällig und zu verschnörkelt sind, müssen Sie auf eine andere Alternative zurückgreifen.

Moderne Messingkerzenleuchter lassen sich sehr gut umfunktionieren (siehe grauweiße, kegelförmige Lampe). Ganz wichtig ist nur, daß Sie auf einen genügend großen Durchmesser der Basis achten. Selbst ein noch so kleiner Lampenschirm hat schon ein ansehnliches Gewicht. Denken Sie daran, wenn Sie auf irgend etwas anderes zurückgreifen, als auf einen gekauften Lampenfuß.

Das nächste Foto zeigt eine Sammlung der verschiedensten Abdeckkappen und Baldachine, die Sie für die Installation sowohl der Steh- als auch der Hängelampen brauchen. Es gibt sie in vielen Größen und Ausführungen, rein Messing, patiniert, lackiert.

Sie brauchen auf jeden Fall mindestens eine Kappe in der Größe der oberen Lampenschirmöffnung.

Verschiedenartige Ketten für die Aufhängung von Lampenschirmen sind ebenfalls im Handel zu bekommen. Je nach Größe und Design der Lampe kann man etwas Passendes auswählen. Nur stabil sollte die Kette sein; denn Tiffanylampen sind schwer.

Weiterhin sind Teile zur elektrischen Installation abgebildet. Obwohl diese Zubehörteile in jedem Heimwerker- und Baumarkt erhältlich sind, VORSICHT! Wer hierin nicht erfahren ist, sollte lieber den Elektrofachhandel aufsuchen und sich den Lampenfuß oder die Aufhängevorrichtung fachgerecht verdrahten lassen.

Das ist keine große und keine überflüssige Investition, die nur ihrer eigenen Sicherheit dient. Es gibt aber auch fix und fertig ver-

drahtete Aufhängungen, speziell für Tiffany-lampenschirme.

Um die Reihe vollständig zu machen, hier noch eine Sammlung von Endknöpfen, die den Schirm entweder auf der Harfe oder an der Aufhängekette sichern.

Die beiden Schlaufen links außen gehören zur Hängeleuchten-Installation; in diesen Ring wird die Kette eingehängt.

Modern gestalteter Lampenschirm aus weißem und anthrazitfarbigem Opalescentglas. Ein Kerzenleuchter aus massivem Messing wurde hier zum Lampenfuß umfunktioniert; das Design soll an eine ausgebreitete Vogelschwinge erinnern.

Lampenschirme, ohne Form hergestellt

Beginnen wir mit der ersten Bilderreihe zur Herstellung von Lampenschirmen, die man frei zusammensetzt.

Diese eckigen Lampen lassen sich beliebig groß herstellen, 3-, 4-, 6-, 8- und 12eckig, je nach Geschmack und Verwendung.

Für die, die erst seit kurzem mit der Tiffany-technik zu tun haben, sind diese Schirme als erstes Werkstück gut geeignet, denn jede Lampenseite wird für sich auf der Arbeitsunterlage zusammengesetzt.

Zur Wiederholung für Sie noch einmal auf der ersten Abbildung das Originalmuster, der Arbeitsbogen und die Schnittschablonen, nach denen die einzelnen Teile zugeschnitten werden.

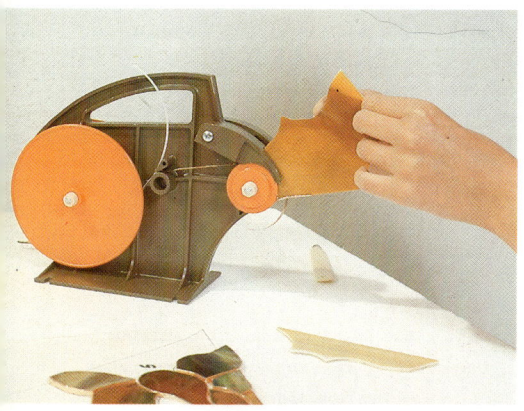

Zur Überprüfung der Paßform und für eine eventuell notwendige Korrektur werden die Teile auf dem Arbeitsbogen ausgelegt. Beim Zuschnitt des honigfarbenen Hintergrundes wurde auf einen richtungsgleichen Verlauf der Glasmaserung geachtet.

Nach Zuschnitt und Überprüfung der Paßform sind die Kanten maschinell geschliffen worden. (Falls Sie keine Maschine zur Verfügung haben, schleifen Sie bitte *auf jeden Fall* mit der Carborundumfeile nach.) Anschließend das Glas gründlich reinigen und gut abtrocknen. Je sorgfältiger Sie diese Arbeitsgänge ausführen, desto besser haftet hinterher die Kupferfolie auf der Glaskante.

Nun erfolgt das Ummanteln der Teile mit Folie. Auf den Abbildungen können Sie die Funktion der Folienwickelmaschine deutlich sehen. Der weiße Papierschutzstreifen wird

von der Kupferfolie abgehoben, der Folienstreifen läuft zwischen zwei Kunststoffscheiben über einen Gummiring.
Man legt das Glasteil in die Führungsschiene ein, drückt es gegen den Gummiring und führt es mit einer gleichmäßigen Bewegung einmal ganz herum. Das Glasteil wird zentriert, die Folie angedrückt und rechts und links umgebördelt.

Trotz dieser Erleichterung wird Ihnen aber ein Arbeitsgang nicht abgenommen: das Nacharbeiten der Kanten mit dem Falzbein. Denn die Folie ist zwar umgebördelt, aber ziemlich faltig. Diese Falten müssen unbedingt glattgestrichen werden, sonst läuft später beim Lötvorgang das Lötwasser unter die Folie und hebt diese ab.

Damit die vier trapezförmigen Lampenteile beim späteren Zusammenbau der ganzen Lampe genau aneinanderpassen, legt man die Teile des ersten Trapezes komplett auf der Arbeitsunterlage aus und fixiert mindestens drei Seiten mit Anschlagleisten. Erst jetzt wird, wie gewohnt, von beiden Seiten gelötet.

Die restlichen drei Lampenseiten werden nun nacheinander innerhalb dieser Anschlagleisten zusammengelötet. (Da durch die Leisten eine genaue äußere Begrenzung gegeben ist, stören eventuelle Unregelmäßigkeiten im Muster selbst nicht.)
Alle vier Lampenseiten, auf diese Weise zusammengesetzt, passen so später exakt aneinander.

Wenn diese Arbeit beendet ist, befestigen wir zwei der Anschlagleisten im rechten Winkel (90°) auf der Arbeitsplatte. Jetzt lassen sich zwei Lampenseiten, aneinandergelehnt, leicht miteinander verbinden. Einmal weiterdrehen und die dritte Lampenseite anpunkten, danach das vierte Trapez einpassen.

In die Längskanten läßt man jetzt, von oben angefangen, soviel Lötzinn hinuntertropfen, bis ein fester Zusammenhalt gegeben ist. Dann legt man die ganze Lampe auf eine Seite und beginnt damit, die Innennähte der vier Kanten zu verzinnen. Danach nochmals umdrehen und alle Außenkanten mit Lötzinn bedecken. Zum Schluß wird der Deckel, bestehend aus zwei Glasteilen, aufgelötet.

Anschließend den Lampenschirm gründlich reinigen, trocknen, die Nähte silbrig glänzend belassen oder nach Wunsch patinieren. Jetzt letztmalig mit einem Fensterspray nachreinigen, und der Schirm kann als Hänge- oder Stehlampe montiert werden.

Hier wurde die Stehlampenversion gewählt, und zwar die Montierung auf einer sogenannten Harfe (Abb. 3). Das ist die preiswerteste Art, eine Lampe im Tiffanystil herzustellen. Man braucht weder eine kostspielige Lampenform noch aufwendige Zubehörteile.

Für alle Leute geeignet, die testen wollen, ob ihnen dieses Hobby gefällt, die nicht übermäßig investieren, aber trotzdem nicht irgendein unattraktives Probestück für den Papierkorb fabrizieren wollen.

Daß diese eckigen Lampenschirme durchaus anspruchsvoll und attraktiv aussehen können, zeigen Ihnen die Abbildungen auf den nächsten Seiten. Die Muster dazu finden Sie in Originalgröße auf dem beiliegenden Arbeitsbogen.

Die nebenstehenden Zeichnungen zeigen verschiedene Möglichkeiten der Lampenschirminstallation.

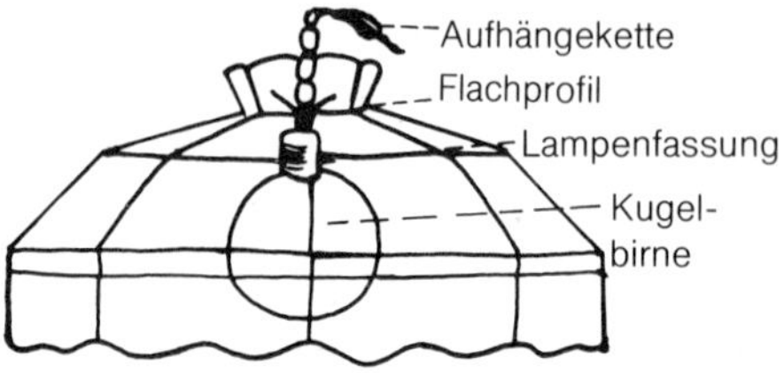

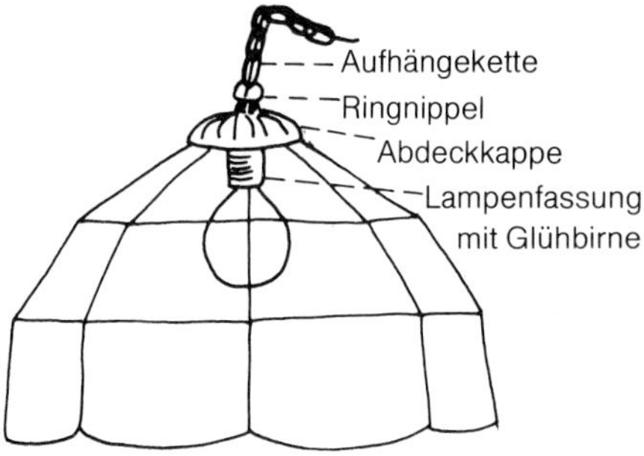

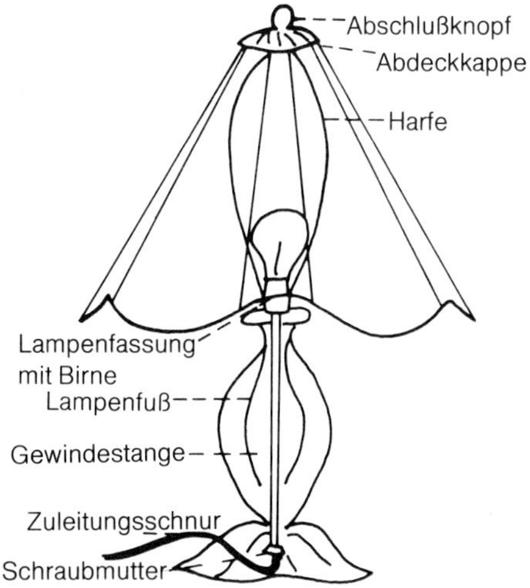

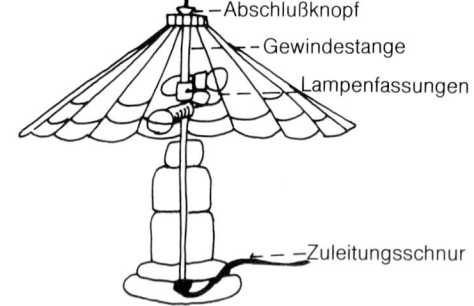

Eckiger Lampenschirm mit ornamentalem Blütenmuster, das sich aber jedem Einrichtungsstil gleich gut anpaßt. Wenn Sie an die Farbgestaltung denken, muß „Blattwerk" nicht immer „Grün" heißen. Genausogut könnte man alles in Braun-Beige halten. Das Muster finden Sie auf dem Arbeitsbogen.

Beim Zusammenbau dieser Lampe bitte daran denken, für die rechteckigen Schürzenteile auch zuerst mit Anschlagleisten fixieren, um so die genaue Paßform zu gewährleisten.

Das Blütendesign der Lampe kommt auf dem dunklen Hintergrund besonders gut zur Geltung.

Alle Lampen, bei denen die obere Öffnung sehr weit ist und die als Abschluß eine sogenannte Krone besitzen, kann man nicht auf die herkömmliche Art und Weise installieren.

Um den Schirm auf eine Harfe oder Gewindestange hängen zu können, bedarf es der Anbringung eines Flachprofiles oder einer sogenannten „Spinne".

Die „Spinne" wird mit am oberen Rand festgelötet und verschwindet später hinter der Krone.

Muster auf dem Arbeitsbogen.

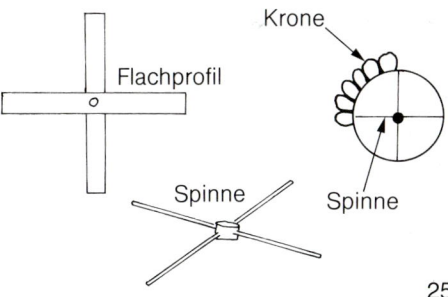

Bei dieser runden Laterne wurden die Glasteile ganz einfach an eine große Abdeckkappe angelötet.

Muster in Originalgröße auf dem Arbeitsbogen.

Noch einmal eine schlichte, dieses Mal 6seitige Lampe, die durch ihr einfaches, klares Design besticht.
Denken Sie daran, je schlichter das Muster, desto kontrastreicher darf das Glas sein.
Das Muster finden Sie auf dem Arbeitsbogen.

*Lampenschirme
auf Hartplastikformen
hergestellt*

Eine für den Anfänger ausgezeichnete Methode ist der Zusammenbau eines Schirms auf einer Vollform. Die Vollformen, die ich Ihnen hier vorstellen möchte, sind aus unempfindlichem Hartplastik und nahezu unverwüstlich. Selbst ein paar Tropfen Lötzinn nehmen sie nicht übel. Auch vom Anschaffungspreis her gesehen sind diese Formen sehr günstig.

Hartplastikformen haben nicht nur den Vorteil, daß es eine Fülle fertiger Musterbögen für sie gibt und eine Anzahl der verschiedensten Größen, sondern wer es sich zutraut, kann auf diesen Formen auch leicht selbst entwerfen.

Man zeichnet entweder direkt auf die Form (sie ist abwaschbar) oder man nimmt einen fertigen Musterbogen zur Hilfe, zeichnet sich dessen äußere Begrenzungslinien auf und fertigt innerhalb dieser Begrenzung ein neues Design an.

Die Pfauenfeder vom originalen (grünen) Musterbogen begegnet Ihnen auf den nächsten Seiten in leicht abgeänderter Form.

Das Muster des großen Kegels, links im Bild, wurde direkt auf der Form entworfen und dann abgepaust.

Bei den Halbkugelformen wird es schon etwas schwieriger, frei zu entwerfen. Hier hält man sich am besten an die groben Umrisse einer fertigen Zeichnung und kann so sichergehen, daß die Flächenaufteilung paßt.

In der nun folgenden Bildreihe können Sie genau sehen, wie man mit diesem Lampenschirmtyp arbeitet.

Wenn Sie die Form, in diesem Fall einen „kleinen Kegel" (besonders leicht zu handhaben), erstanden haben, suchen Sie sich dazu einen passenden Musterbogen aus. Auf dem Bogen ist notiert, wieviel Musterwiederholungen auf der Schirmfläche vorkommen.

In unserem Fall sind es 4 Wiederholungen. Jetzt lassen Sie sich sechs Fotokopien von Ihrem Originalbogen anfertigen. (Oder Sie pausen sich das Muster selbst durch.) Vier Mustersegmente werden ausgeschnitten und auf der Lampenform befestigt.

Ein Blatt dient als Arbeits- und Kontrollbogen. Der letzte Bogen wird in seine einzelnen Teile zerschnitten und dient als Schablone zum Zuschneiden des Glases.

Die Bögen auf der Lampenform werden noch mit Zahlen und eventuellen Farbbezeichnungen versehen.

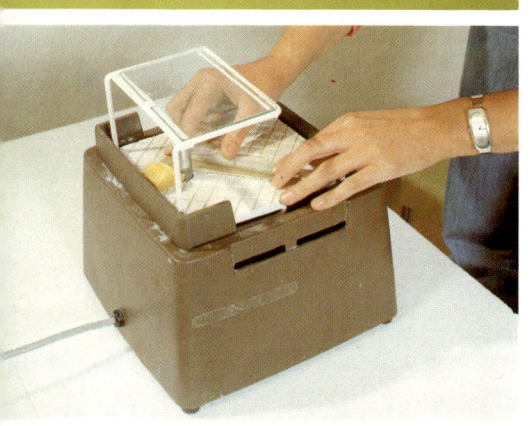

Nach dem Zuschnitt aller Glasteile wird geschliffen. Man führt dabei das jeweilige Glasteil mit der bruchrauhen Kante an dem rotierenden Schleifkopf vorbei. Der Druck sollte nicht zu stark sein, da sich der Schleifkopf sonst blitzschnell in das Glas hineinarbeitet, so daß man plötzlich einen Bogen hat, wo laut Design keiner hingehört. Also: mit einer zügigen Bewegung und gleichmäßigem Druck am Schleifkopf entlangziehen.

Zwischendurch sollte man die genaue Paßform der einzelnen Teile durch Auflegen an der entsprechenden Stelle auf dem Musterbogen nachkontrollieren. Wenn dieser Arbeitsvorgang abgeschlossen ist, das Glas wie üblich reinigen.

Falls Sie die Glasteile mit Nummern gekennzeichnet haben, achten Sie bitte darauf, diese gegebenenfalls nach dem Reini-

gen der Teile nachzuzeichnen oder zu erneuern.

Denn obwohl in jedem Musterbogen sehr viel ähnlich aussehende Teile vorkommen, ist es möglich, daß sie unterschiedlich ausfallen.

Jetzt wird in Kupferfolie gefaßt, und dann die einzelnen Glasteilchen mit einem kleinen Tesaröllchen oder einem Stückchen doppelseitigem Klebeband an der entsprechenden Stelle auf der Form befestigt. Bei großen Teilen braucht man zwei Befestigungspunkte, da die Glasstücke sonst von der Form rutschen.

Wenn alle Teile befestigt sind, haben Sie Ihre Lampe schon komplett vor Augen. Eventuelle Unregelmäßigkeiten oder Teile, die nicht so richtig passen wollen, können jetzt noch ausgetauscht beziehungsweise korrigiert werden.

Man kann nun damit beginnen, die einzelnen Teile mit einem kleinen Tropfen Lötzinn aneinanderzupunkten.

Durch die Papierschicht auf der Form und den Tesaröllchen unter jedem Glasstückchen, liegen die Teile nicht eng an der Form an. Bei dem nun folgenden Punktlöten drückt man nach und nach alle Glasteile sanft an die Form an und achtet darauf, daß keines von ihnen hervorsteht oder verkantet an das nächste angelötet wird.

Die nächste Abbildung zeigt den fertig zusammengepunkteten Lampenschirm. Nach diesem Arbeitsgang kann nichts mehr verrutschen, und man kann darangehen, alle Außennähte zu verzinnen.

Es empfiehlt sich, die Lampenform so auf einem Karton o. ä. aufzustützen, daß man die gerade zu lötende Naht immer waag-

recht vor sich hat. So kann kein Lötzinn herabtropfen.

Wenn auf der Außenseite alle Nähte geschlossen sind, hebt man den Lampenschirm ganz behutsam von der Form.
Zu diesem Zeitpunkt kann es durchaus sein, daß der Schirm noch nicht seine endgültige Stabilität besitzt, da die Nähte bis jetzt ja nur von einer Seite gelötet wurden. Mit dem Abheben des Schirmes löst sich gleichzeitig das Papier von der Form. Man dreht die Lampenform um und legt vorsichtig den Schirm, mit der Innenseite nach oben, hinein.

Alle Papierreste werden entfernt und anschließend alle Innenähte verzinnt. Jetzt noch einmal drehen und auch die obere Öffnung verzinnen, dann den unteren Rand mit einer großzügigen Schicht Lötzinn bedecken. Dafür den Lampenschirm entweder auf oder in die Form hineinlegen, so daß die gerade zu lötenden Stellen möglichst waagrecht liegen. Anschließend reinigen, patinieren und wie gewünscht montieren.

Die Abdeckkappe kann man gleich mit am oberen Rand anlöten. Sonst brauchte man nämlich zwei Deckel: der erste oben auf die Harfe, auf der der Lampenschirm hängt; die zweite Kappe noch darüber, gesichert zum Schluß mit einem Endknopf.

Bei der Hängelampenversion wird die Fassung auf ein kurzes Gewinderohr aufgeschraubt; die erste Kappe befestigt man dann knapp über der Fassung mit einer Schraubmutter; dann folgt der Lampenschirm und als Abschluß wieder die zweite Kappe; dieses Mal mit einem Ringnippel festgeschraubt, in den die Kette eingehängt wird.

Das moderne Design dieses kegelförmigen Lampenschirmes verträgt sich gut mit dem Jugendstil-Fuß.
Das Muster finden Sie auf dem Arbeitsbogen; es paßt auf den großen Hartplastikkegel (∅ ca. 55 cm).

Hier sind zwei Lampen abgebildet, die auf derselben Form angefertigt wurden. Sie sehen, wie unterschiedlich so ein Schirm, je nach Mustergestaltung, ausfallen kann. Diese Vollform ist neben der Kegelform auch für den Anfänger besonders gut geeignet. Das Muster wird zwölffach wiederholt, d. h. man bekommt einen Musterbogen, auf dem $1/12$ der ganzen Lampe abgebildet ist. Die Design-Angebote reichen

von schlicht bis anspruchsvoll, und selbst die einfacheren Muster sehen recht wirkungsvoll aus. Ein nicht zu schwieriges Design hat noch dazu den Vorteil, daß meistens zwei Glasfarben ausreichen. Selbst eine einzige Farbe ist möglich. Anfänger, die nicht zuviel Geld in verschiedene Glassorten investieren wollen, finden hier einen leichten Einstieg.

Pfauenfeder

Dieser wunderschöne Lampenfuß ist schon als Antiquität zu bezeichnen. Er wurde vor 40 Jahren erstanden. Der Original-Lampenschirm war längst vom Sonnenlicht ausgebleicht und zerschlissen. Der Besitzer wünschte sich einen neuen Schirm, der sowohl vom Material als auch von der Farbe her zu dem Fuß passen sollte.

Das vorgegebene Pfauenfedermuster (zu sehen auf der grünen Vorlage, Abbildung Seite 29) war trotz der recht klaren Aufteilung noch zu unruhig in der Musterung und hätte keinen harmonischen Einklang mit dem Lampenfuß gebildet.

Es wurden lediglich ein paar Linien im Design geändert, um dieser Forderung gerecht zu werden. Ein weiteres Beispiel dafür, daß auch schlicht gemusterte Lampenschirme eine große Ausstrahlung haben können. Zum Zusammenbau dieses Lampenschirmes wurde ebenfalls eine Vollform benutzt. Das Muster finden Sie auf dem Arbeitsbogen.

Woodbine (Geißblatt)

Auch bei diesem Schirm wurde eine Plastikvollform benutzt. Das Arbeiten mit den Halbkugelformen erfordert etwas Übung. Auf Grund der Wölbung muß man hier bei einigen Arbeitsgängen korrigierend eingreifen.

Es fängt bei dem Aufkleben der Musterbögen an. Damit man ein gewölbtes Papiersegment erhält, ist das Muster schon so aufgezeichnet, daß am oberen Rand keilförmig eingeschnitten werden muß und diese Einschnitte anschließend mit Tesa wieder geschlossen werden.

So erhält man zwar eine Wölbung, aber das Papier ist doch ziemlich störrisch und wirft Falten, wenn man diese Musterbögen auf der Form befestigt. Die zuerst mit Tesa oder doppelseitigem Klebeband befestigten Glasteile liegen nicht so eng an, wie zum Beispiel bei der Kegelform. Beim Punktlöten geht man darum systematisch vor und richtet von oben angefangen Reihe für Reihe aus, bevor man mit einem kleinen Tropfen Lötzinn die einzelnen Teile miteinander verbindet.

Die Plastik-Halbkugel (s. S. 40) in der größeren Ausführung macht sich auf einem großen Stehlampenfuß sehr gut. Bevor Sie Form und Größe Ihres Lampenschirmes wählen, überlegen Sie, welchen Platz die Lampe später einmal bekommen soll. Soll sie nur Akzent oder Lichtquelle sein?

Die Abbildung von Seite 41 zeigt eine Reproduktion der berühmten „Dragonfly". Bis auf die Libellen wurde alle Glasstücke aus einer einzigen, großen marmorierten Glasplatte zugeschnitten. Dazu passend wurden die runden Glasjuwelen eingesetzt, die es in vielen Farben zu kaufen gibt. Auf die Flügel wurde ein Messingfiligran aufgelötet, wie es auch die Original Libellenlampen zeigen.

Wildrose

Dragonfly

Lampenschirme, auf Styroporformen zusammengebaut

Sicherlich haben Sie schon voller Bewunderung vor den wunderschönen Tiffany-Reproduktionen in einer Schaufensterauslage gestanden, und nur der Preis ließ Sie vor einem Kauf zurückschrecken! Oder wußten Sie, daß ein großer Teil dieser antiken Originalmuster zum Nachbau im Handel erhältlich ist?

Diese Repro-Mustersets (oder auch andere Designs) bestehen aus einer mit dem Muster bedruckten Styroporform. Es sind Segmente, meistens $1/6$, $1/5$ oder $1/3$ des ganzen Lampenschirms.
Weiterhin gehört dazu ein Karton, auf dem ebenfalls das Muster aufgedruckt ist und das als Schnittschablone dient. Auf einem weiteren Karton sind Seitenteile aufgedruckt, die später seitlich an das Styroporsegment angeklebt werden. Beigelegt ist auch ein farbiger Bogen, auf dem das Lampenmuster in mehreren Farbzusammenstellungen gezeigt wird.

Es handelt sich bei Reproduktionen um die Original-Farbstellung, die auch Tiffany benutzte. Bei anderen Designs erleichtern weitere Farbvorschläge es dem Anfänger, die farbliche Gestaltung seiner Lampe zu planen.

Das alles sollen nur Anregungen sein; denn die endgültige Farbwahl bleibt Ihnen überlassen. So geben Sie selbst einer Reproduktion Ihre ganz persönliche Note.

Scheuen Sie nicht davor zurück, die farbliche Gestaltung nach Ihrem eigenen Geschmack vorzunehmen, eine „Dragonfly" in Purpurblau paßt vielleicht nicht zu Ihrer Einrichtung? Sie sieht genau so gut in Gelb oder Beige aus.

Warum eigentlich nicht den „Cherry Tree" über dem Eßtisch in der Küche? Tiffanyleuchten und moderne Einrichtungsgegenstände sind ein reizvoller Kontrast.

Auf der nächsten Abbildung habe ich das ganze Material zusammengestellt, das man braucht, um einen Schirm herzustellen.

Dem Styroporsegment sind der Musterbogen und der Farbvorschlag beigepackt, außerdem die Begrenzungsränder, die Sie seitlich an der Form ankleben müssen. Diese Ränder dienen dazu, daß die einzelnen Teile nicht von der Form rutschen und daß jedes Segment die gleiche Größe erhält.

Auf dem Farbbogen ist vermerkt, wieviel Glas in den unterschiedlichen Farben, Folie und Lötzinn man braucht.
Außerdem die Anzahl der Glasteile, Höhe des Lampenschirmes, sein Durchmesser und der Durchmesser der oberen Lampenöffnung.

Weiterhin benötigt man noch einen Lampenfuß, eine Harfe, eine Fassung, mindestens einen Deckel mit zwei Schraubmuttern und eine Zuleitungsschnur. (Die hier

abgebildete Schnur wird fertig mit Schalter und Stecker geliefert.)

Über Zubehörteile und Glasjuwelen haben Sie schon etwas in einem früheren Kapitel erfahren.
Ein weiteres Zubehör sind die sogenannten „Filigrane". Bei authentischen Reproduktionen werden diese Messingfiligrane mit in das Design eingearbeitet.
Bei der Tiffany „Poppy" (Mohn) werden die Blattadern und Samenkapseln, bei „Cherry Tree" (Kirschbaum), „Wisterias" (Glyzinien) und „Grape Vine" (Weinrebe) die Äste durch das Filigran dargestellt. Schließlich haben wir noch das Flügel-Filigran für die Libellenflügel der „Dragonfly"-Lampen.

Um Sie nicht allzusehr zu verwirren, wird in der folgenden Bilderreihe der Zusammenbau eines recht einfachen Lampenschirms gezeigt. Die Grundregeln des Zusammenbaues gelten auch für alle anderen Muster auf diesen Styroporformen.

Gezeigt wird hier der Zusammenbau einer „Art Nouveau".
Dieses Lampenmuster ist deshalb als Erstlingswerk gut geeignet, weil keine extrem geformten Teile im Design enthalten sind.

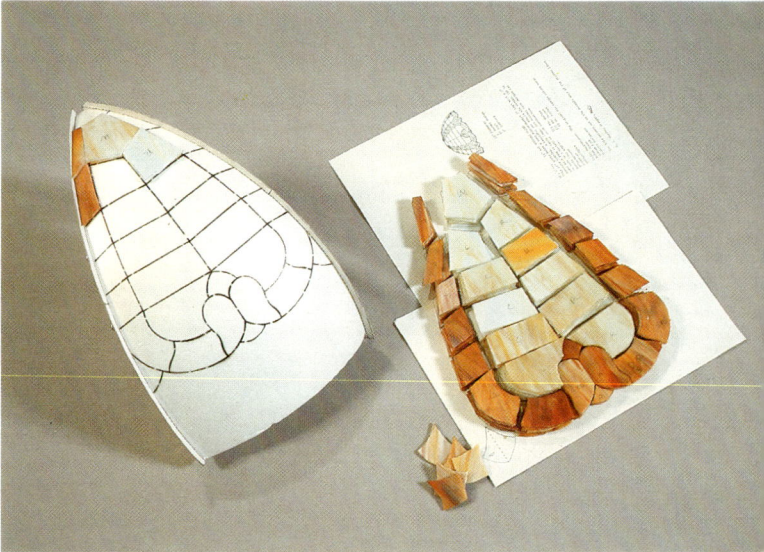

Der Schnittmusterbogen wird zuerst in seine einzelnen Teile zerschnitten, und man achtet laut Anweisung darauf, ob man innen oder außen an der schwarzen Linie entlangschneiden muß.

Farbbezeichnungen und Richtungspfeile schreibt man auf die einzelnen Pappteile.

Da es sich hier um 1/6 Segment der fertigen Lampe handelt, werden die einzelnen Pappschablonen 6mal auf das Glas übertragen.

Wer schon routiniert im Glaszuschneiden ist, zeichnet die einzelnen Teile enger aneinander. Neulinge lassen ruhig etwas mehr Platz dazwischen.

Beim Aufzeichnen achtet man auf Marmorierung und Farbschattierung der verschiedenen Gläser.

Inzwischen wurde auch die Form vorbereitet. Die Kartonränder schneidet man aus dem beiliegenden Bogen aus und klebt sie mit Styroporkleber (UHU por) an den Seiten der Form fest.

Alle zugeschnittenen Teile liegen aufeinandergestapelt an ihrem Platz auf dem Arbeitsbogen ausgelegt.

Während des Schleifens legt man die Glasstücke zur Probe auf der Form aus. Es macht nichts, wenn die schwarzen Linien zwischen den Teilen zu sehen sind.

Die Folie trägt zwar nicht auf, aber trotzdem sollten die einzelnen Glasteile nicht allzu eng aneinanderliegen. Sie müssen die Teile bequem auf der Form plazieren können, ohne daß man sie mit Gewalt zwischen die Kartonränder preßt.

Nach dem Schleifvorgang reinigen, denn jeder noch so kleine Glasstaubrest oder Fettspuren beeinträchtigen den Hafteffekt der Folie sehr.

Der Anfänger in dieser Methode des Lampenschirm-Zusammenbaus sollte sich die fertig ausgeschnittenen Teile (geschliffen und mit Folie ummantelt) mit Stecknadeln oder doppelseitigem Klebeband auf der Form fixieren.
So lassen sich die Teile noch gut ausrichten, Korrekturen vornehmen und Abstände zwischen den Stückchen ausgleichen.

Später kann man das Styroporsegment auch auf einer entsprechenden Unterlage aufstützen, so daß die aufgelegten Glasteile nicht hinunterrutschen können.

Bei dieser Methode bringt man allerdings nicht gleich alle Glasteile aufs Segment auf, da sonst mit Sicherheit etwas verrutscht. Hier wird Reihe für Reihe aufgelegt, ausgerichtet und dann aneinander gepunktet.

Um den Überblick zu behalten, welches Glasteil an welchen Platz auf der Form gehört, legt man die Teile aufeinandergestapelt auf dem Arbeitsbogen aus.

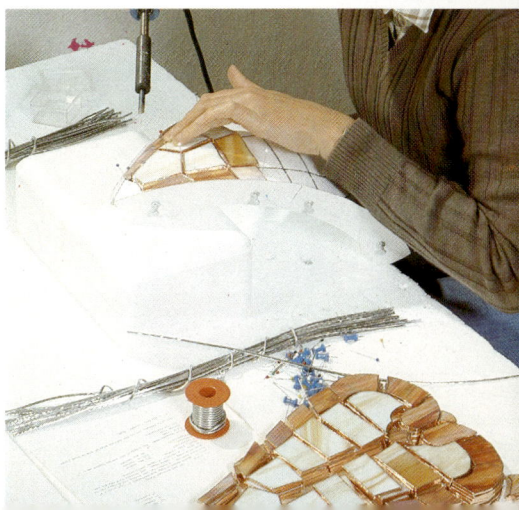

Bei komplizierten Designs, die sehr viele Teile enthalten, überträgt man nicht nur die Numerierung der Schnittschablonen auf die Glasteile, sondern numeriert sich auch noch die entsprechenden Felder auf der Form selbst. Das erleichtert den anschließenden Zusammenbau.

Jetzt arbeitet man Lage für Lage des Stapels durch. Zuerst wird die erste Reihe aufgelegt und ausgerichtet. Mit einem kleinen Tropfen Lötzinn punktet man nun die einzelnen Teile aneinander. Dann folgt die zweite Reihe usw.

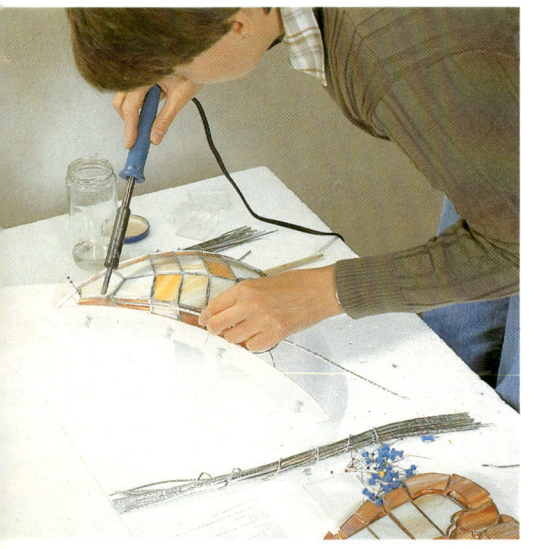

Sobald alle Teile des Segments aneinandergeheftet sind, beginnt man mit dem Verzinnen der Außennähte, wobei zunächst nur eine dünne Schicht Lötzinn aufgetragen wird.
Bei diesem Arbeitsvorgang kippt man sich das Segment immer in eine Position, die es erlaubt, zu löten, ohne daß Lötzinn herabtropfen kann.

Denn im Gegensatz zu den Hartplastikformen nehmen die Styroporformen flüssiges, heißes Lötzinn übel. Die heiße Masse brennt sofort Löcher in die Form.

Wer seine Form schützen will, punktet das Segment zusammen und schiebt dann ein Stück zurechtgeschnittene Aluminiumfolie unter die Glasteile, bevor die Nähte verzinnt werden.

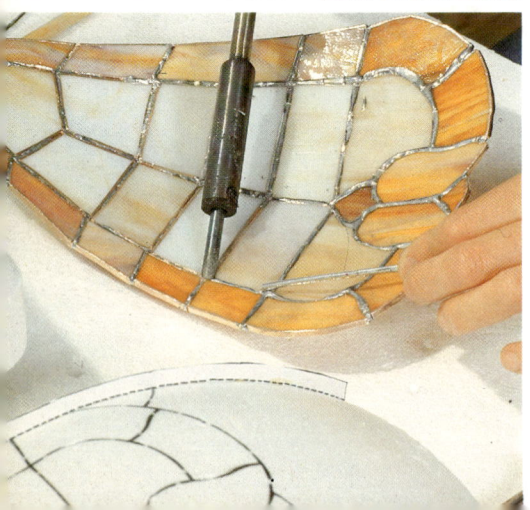

Das Segment hat jetzt schon einen festen Zusammenhalt und kann vorsichtig von der Styroporform gehoben werden.
Jetzt umdrehen und dabei so aufstützen, daß ein bequemes Löten möglich ist. Dann alle Innennähte verzinnen.

Danach das Segment nochmals auf die Form auflegen und außen die halbrunde Lötnaht mit dem 60/40 aufziehen.

Auf die gleiche Art und Weise werden nun auch die weiteren 5 Segmente zusammengelötet.
Lagern Sie die einzelnen Segmente immer mit der Innenseite nach oben, so können sie sich nicht verformen und passen später exakt aneinander.

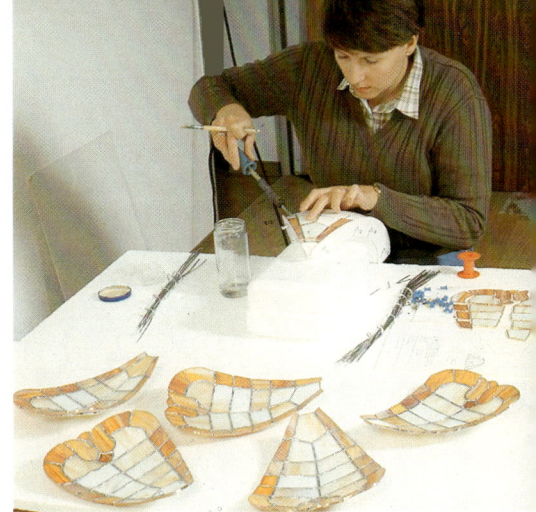

Nach Fertigstellung aller Teile werden diese zu einem Ganzen zusammengefügt. Wer hier noch nicht geübt ist, läßt sich am besten bei diesem Arbeitsvorgang helfen.

Wenn alle sechs Segmente zusammengefügt sind, paßt man noch die Verbindungsstücke ein und lötet sie fest.

Zum Schluß noch alle übriggebliebenen Nähte schließen, zusätzlich an der oberen Schirmöffnung und am unteren Rand des Lampenschirmes einen Kupferdraht zur Kantenverstärkung anlöten und mit einer großzügigen Schicht Lötzinn bedecken. Eine im Durchmesser passende Abdeckkappe gleich am oberen Rand mit anlöten.

Jetzt den ganzen Lampenschirm sehr gründlich mit einer Spülmittellösung reinigen und anschließend patinieren.

Diese Lampengröße macht sich als Hänge- oder Stehlampe gleich gut. Ein klassisch-einfaches, aber immer wieder ansprechendes Muster im Jugendstil.

Die Form der Lampe dürfte Ihnen bekannt vorkommen. Mini-„Wisteria" und Mini-„Cherry Tree" heißen die Muster, die normalerweise auf dieser Form zusammengebaut werden.

Für das Design wurde das Muster direkt auf eine sogenannte Blanko-Form entworfen und dann heruntergekopiert, um die Schnittschablonen für das Glas zu erhalten.

Die Angaben über Materialverbrauch und Abmessungen der Lampenschirme, die den Styroporformen beigepackt sind, sind in englischer Sprache, ebenfalls die Maßeinheiten.

Hier die Übersetzung der wichtigsten Begriffe:
Color = Farbe
Art Glass Type = verschiedene Glastypen
Rough Backed = strukturierte Rückseite
Smooth Backed = glatte Rückseite
Opal = Opalescentglas
Single Colors = einfarbig
Multiple Colors = mehrfarbig, marmoriert
Density = Lichtdurchlässigkeit/Transparenz
Amount = Menge
Solder = Lötzinn
Copperfoil = Kupferfolie
Copperwire = Kupferdraht
Soft = weich
Substitute = ersetzen
Hight = Höhe
Perimeter = Umfang der unteren Lampenschirmkante
Diameter = Durchmesser
Pieces = Stücke / in diesem Fall: Glasteile
L - Leaves = Blätter
FP - Flowerpetals = Blüten
BG - Background = Hintergrund
B - Border = Rand
Vasecap = Lampenabdeckkappe
Bridge Parts = Verbindungsstücke
1 inch = 2,54 cm
1 sq. inch = 6,45 cm^2
1 foot = 0,30 m
1 sq. foot = 929 cm^2
1 pound = 453,6 g
Folie:
$^3/_{16}$ = 4,5 mm; $^7/_{32}$ = 5,5 mm; $^1/_4$ = 6 mm; $^5/_{16}$ = 8 mm breit.

Die Blanko-Formen gibt es auch mit einem Rasteraufdruck, die einen freien Entwurf sehr erleichtern. Hier wurde das Raster im oberen Teil belassen und nur am unteren Rand ein Blütenmuster angefügt.

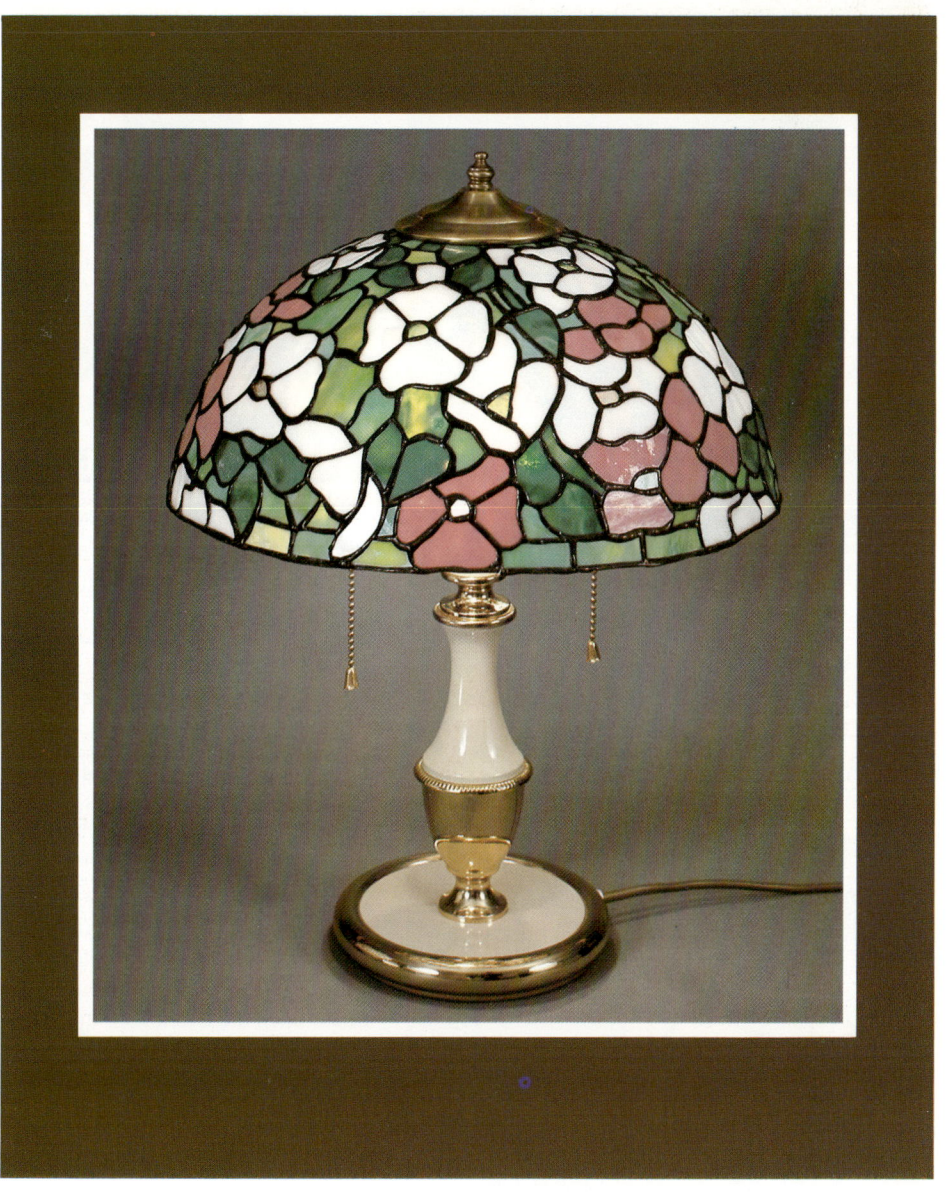

Noch eine Reproduktion eines Originalmusters. Hier wurden Glassorten ausgewählt, die in Struktur und Farben den alten Tiffanygläsern ähneln.

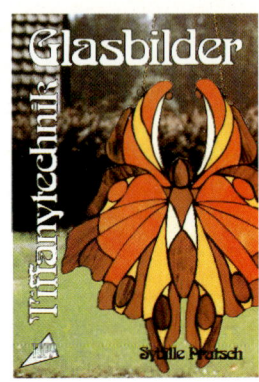

Glasbilder
in der
Tiffany technik

Es gibt zwei gute Gründe, sich den Glasbildern nach Tiffany zuzuwenden. Beide behandelt die Autorin in ihrem Buch.

Natürlich ist es einfacher, zunächst flache Werkstücke zu arbeiten. Darum werden in diesem Buch ausführlich die Grundkenntnisse der Tiffany-Technik behandelt. Und der Anfänger tut gut daran, mit dieser Anleitung zu beginnen.

Andererseits hat der Künstler sehr viel größere Möglichkeiten, sich frei zu entfalten, weil weder Funktion noch Form vorgegeben sind. Auch hierfür gibt Sybille Pratsch gute Beispiele.

TOPP-Nr. 804

Auswahl aus über 300  -Titeln

Papier incl. Malen
788 Sakata, Origami
767 Gaißer, Marmorieren
714 Kühnemann, Scherenschnitte
693 Stettler, Transp. Fenstersterne
601 Gaißer, Papierbatik
664 Pfeffer, Papierbatik (Wachstechnik)
656 van Vliet, Papierfalttechnik
502 Ask, Mit Schere und Papier
503 Ask, Schneiden und kleben
650 Kühnemann, Malen Sie mal!
527 Jaxtheimer, Malen mit Ölfarben
796 Gorke, Wachskreide
671 Friedrichs, Wir malen Ikonen
826 Buttig, Blumenmotive (Block)
628 Jaxtheimer, Linolschnitt + -druck

Modellieren + formen
526 Husberg, Keramik als Hobby
787 Schiller, Figürlich modellieren
543 Kühnemann, Modellieren ohne Ton
759 Smolka, Vasen ohne Ton
793 Hettinger, Salzteig
850 Glende, Salzteig mit Blumen
816 Täubner, Reliefhäuser

Blumen – Gestecke
586 Wittkamp, Blumenstecken
607 Rohrer, Getrocknete Gartenblumen
505 Bauzen, Gepreßte Blumen
781 Rohrer, Trockenblumen, geklebt
710 Wittkamp, Trockengestecke
852 Heller, Blumenschmuck (getr.)
842 Dilger, Grabgestecke
669 Haid, Ruskusgebinde
701 Haid, Salzburger Gebinde
854 Seehuber, Ideen aus d. Chiemgau

Basteln a. Naturmaterial
713 Fleischer Peddigrohr
510 Borglund, Stroh und Binsen
663 Frischmann, Basteln mit Stroh
734 Jüngling, Strohsterne
521 Grauwiller, Holzspäne dekorativ
684 Sandtner, Bast kreativ + praktisch
820 Frischmann, Nuß- und Zapfenbuch
818 Weiß, Basteln für Naturfreunde
545 Kühnemann, Steine, geklebt
706 Frischmann, Muscheln u. Schnecken
703 Rensing, Basteln mit Körnern
641 v. Stetten, Mit Würzigem basteln

Holz incl. Bauernmalerei
585 Wilhelm, Drechseln für jedermann
528 Jeep, Kerbschnitzen
524 Hoppe, Schnitzen in Holz
698 Friedrichs, Laubsägen
525 Adam, Intarsien
553 Lumm, Brandmalkunst
642 Lumm, Brandmalkunst

653 Bastian, Bastelhölzer
632 Weiß, Basteln m. Wäscheklammern
718 Lumm, Volkskunst Bauernmalerei
530 Kühnemann, Bauernmalerei
531 –, Bauernmalerei, Entwürfe
659 Kuhn, Wandteller – Vorlagen
738 Stegmaier, Spanschachteln-Vorl.
660 Ziegler, Blumenmalerei-Vorlagen
785 Gratzl, Milchkannen etc., Vorlagen
841 Stegmaier, Truhen etc., Vorlagen
846 Hüschens, Bauernmalerei-Wandbild

Glas bearbeiten
702 Brunner, Glasritzen
815 Mainer, Glasgravieren
777 Kühnemann, Glasätzen
779 Haid, Spiegel, versch. verziert
709 Brunner, Glasritzen – Vorlagen
765 Kühnemann, 181 Motive Glasritzen
766 Lumm, Glasritzschule / Vorlagen
780 Kühnemann, Glasätzen / Vorlagen
612 Khan-Leonhard, Hinterglasmalerei
750 Gratzl, Hinterglasmalerei, Vorlagen
770 Stegmaier, Hinterglasmal., Mappe 4
647 Reinhardt, Transp. Glasmalerei
804 Pratsch, Glasbilder n. Tiffany
855 Pratsch, Lampen in Tiffany-Technik
803 Lumm, Porzellan-Malschule

Metall und ähnliches
548 Neumann, Metalldrücken
658 Göhs, Galvanisieren
751 Meidenbauer, Zinnfiguren
707 Kuhn, Wischmetalltechnik I
590 Zechlin, Emaillieren, ein Hobby
560 Reinhardt, Besser Emaillieren

Textiles Werken
638 Wisser, Spinnen als Hobby
727 Gerndt, Webstuhl, selbst gebaut
675 Kühnemann, Weben – Einführung
603 Holzklau, Brettchenweberei
692 Riedl, Bildweben mit Kindern
670 Lange, Gobelin-Weben
736 Wenzelburger, Weben a. Spannformen
844 Lochbühler, Lampen, gewebt
807 Lochbühler, Rohwolle verfilzen
840 Peltola, Stricken, Grundtechniken
832 Frankl, 124 Strickmuster
511 Buchwald, Hüttensocken
611 Zechlin, Wollreste
599 Buchwald, Strickmühle
808 Fausel, Häkeln – ein Lehrgang
775 Stradal, Ringhäkelei
746 Ondori, Häkeln kreativ
836 Ondori, Feine Filet-Häkeldecken
789 Lewis, Gestickte Mustertücher
639 Spandl, Kreuzstich
774 Gombert, Schwälmer Weißstickerei
809 Vorländer, Häkeln fürs Fenster

753 Krieger-Straub, Filet-Mappe 2
744 Bellon, Klöppeln – ein Lehrgang
839 Bellon, Klöppeln – Mappe 3
791 Graff-Höfgen, Occhi, Einführung
810 Glende, Applikationen
756 Fausel, Collagen aus Stoff + Garn
717 Rensing, Spitzen-Collagen
783 Neuhold, Patchwork, wattiert
697 Grauwiller, Filz dekorativ
851 Trossen, Kissen-Ideen
740 Dilger, Blüten aus Strumpfgewebe
719 Schimmelpfennig, Seidenblumen
790 Dilger, Stoff-Blumen

Makramee
674 Walz, Blumenampeln
715 Fausel, Makramee-Tierchen
805 Fausel, Makramee f. alle Jahresz.
694 Wenzelburger, Makramee-Lampen
722 Walz, Mit Makramee schöner wohnen
704 Trossen, Makramee-Wandbehänge
754 –, Makramee – Modische Kleidung
673 Lentz, Makramee-Variationen

Stoffe färben + bemalen
546 Kühnemann, Stoffbemalen
769 Digne, Auf Seide malen
849 Kühnemann, Seidenmalerei
812 –, Seidenmalerei – Vorlagen
557 Mühling, Das Batik-Buch
633 Wildschütte, Batiken, Lehrgang
813 Krauss, Textile Miniaturen

Puppen
662 Dvorak, Puppen selbstgemacht
776 Wittke, Gestrickte Handspiel-Puppen
755 Kratzenstein, Hand-Puppen
801 Roll, Pupp. aus Waschanschuhen
853 Heinrich, Puppen aus Rupfen
733 Krummrich, Maskottchen
680 Becker, Marionetten

Weihnachten / Ostern
743 Wurst, Adventskalender
640 Wittkamp, Adventsgestecke
696 Dilger, Weihnachtsschmuck
731 Kühnemann, Weihnachtszeit
845 Dilger, Basteln f. Weihnachts-Basar
728 Rensing, Krippenfiguren basteln
730 Frischmann, Fig. f. Weihn.-Krippe
843 Walz, Weihnachtliches aus Stroh
716 Dilger, Osterbasteleien
802 v. Hennet, Ostereie - Ostermuschmuck

Verschiedenes
797 Zechlin, Kleine Geschenke
784 Zimmermann, Perlen
748 Becker, Panflöte bauen + spielen
735 Friedrichs, Laternen
688 Egen, Kork kreativ basteln
747 Dilger, Basteln mit Wachs
566 Sadoune, Fadenspannbilder
699 Hohmeister, Genähte Fadenbilder
822 Sterzer, Bemalte Mülltonnen
741 Beckmann, Windmühlen + Windvögel
556 Michaeli-Achmühle, Gartenteiche
794 v. Sengbusch, Feldbackofen
514 Egen, Sonnenuhren
723 Beckmann, Skulpturen aus Ytong
593 Zimmermann, Festl. Tischdekoration

ISBN 3-7724-0610-6 · Best.-Nr. 855
© 1983

| Auflage: | 6. | 5. | 4. | 3. | 2. | Letzte Zahlen |
| Jahr: | 1987 | 86 | 85 | 84 | 83 | maßgebend |

frech-verlag

GmbH + Co. Druck KG Stuttgart

Druck: Frech, Stuttgart

Eine gewerbliche Nutzung der gezeigten Arbeiten ist nicht gestattet.